DUDEN

Üben mit Lexi
Deutsch 3/4

Richtig schreiben

Buchstaben und Silben

Herausgegeben von
Prof. Dr. Hartmut Günther

Erarbeitet von
Birgitt Carstens, Simone Straub
und Imke Quent

DUDEN PAETEC Schulbuchverlag
Berlin, Frankfurt a. M.

Inhaltsverzeichnis

Inhaltsverzeichnis

Partnerarbeit

Nachschlagen

Duden-Karten

Duden-Karten

1 Wie werden die Wörter richtig geschrieben? Überlege.

Merke

Oft kannst du Wörter genau so schreiben, wie du sie sprichst. Andere Wörter haben schwierige Stellen, über die man nachdenken muss. Wenn du die richtigen Regeln kennst, kannst du herausfinden, wie sie geschrieben werden. Diese Regeln stehen auf den Duden-Karten.

Duden-Karten

→ Bei vielen Wörtern findest du durch Verlängern heraus, wie sie geschrieben werden.

Nach kurzem Selbstlaut in der ersten Silbe musst du einen einzelnen Mitlaut verdoppeln.

Wörter einer Wortfamilie haben denselben Wortstamm. Du schreibst ihn immer gleich.

Aus Wortbausteinen können Wörter gebildet werden. Es gibt vier Arten von Wortbausteinen.

Bei manchen Wörtern musst du auswendig wissen, wie du sie schreibst. Es sind Merkwörter.

Gg Satzanfänge und Nomen schreibst du groß.

Schwierige Stelle: mm oder m

Diese Duden-Karte kann dir helfen:

So wird das Wort geschrieben: ____________________

Schwierige Stelle: ____________________

Diese Duden-Karte kann dir helfen:

So wird das Wort geschrieben: ____________________

Schwierige Stelle: ____________________

Diese Duden-Karte kann dir helfen:

So wird das Wort geschrieben: ____________________

Schwierige Stelle: ____________________

Diese Duden-Karte kann dir helfen:

So wird das Wort geschrieben: ____________________

Schwierige Stelle: ____________________

Diese Duden-Karte kann dir helfen:

So wird das Wort geschrieben: ____________________

Schwierige Stelle: ____________________

Diese Duden-Karte kann dir helfen:

So wird das Wort geschrieben: ____________________

Duden-Karte Verlängern

Ein Geist schreibt ein Gespensterlied. Gruselig.

1 Sprich dir die farbigen Wörter deutlich vor. Wie hört sich das *b*, das *d* und das *g* an?

Hundert Geister schreiben hundert Gespensterlie**d**er. Hundertmal gruseliger!

2 Und wie hört sich das *b*, das *d* und das *g* jetzt an?

Merke

Durch Verlängern des Wortes findest du heraus, wie es am Ende geschrieben werden muss. Bei Nomen bildest du zum Verlängern die Mehrzahl.

- das Lie**d** – die Lie**d**er

Adjektive setzt du zum Verlängern vor ein Nomen.

- grusel**ig** – die grusel**ig**en Gespenster

Bei Verben bildest du die Grundform.

- sie schrei**bt** – wir schrei**b**en

Kor___	die	Körbe	der	Korb
Geburtsta___	die	______	der	______
gesun___	das	______ Obst		______
gel___	die	______ Ampel		______
Der Pilot flie___t.	wir	______	er	______
Tom lä___t das Handy auf.	wir	______	er	______

3 Wie werden die Wörter am Ende geschrieben? Verlängere sie zuerst.

Der Geis___ sitzt im Schran___ und kle___t die fehlenden Finger wieder an seine Knochenhan___.

4 Ergänze die fehlenden Buchstaben.

Wörter mit *s* oder *ß*

lesen	schießen	Rasen	süße	Flöße	Rose	Hase	Füße
fraßen	Besen	Blasen	Hose	saßen	Vase	gießen	Klöße

1. Sprich die Wörter. Setze Silbenbögen.
2. Ist der Selbstlaut in der ersten Silbe lang oder kurz?

Merke

Nach langem Selbstlaut schreibe den summenden *s*-Laut mit *s* und den zischenden *s*-Laut mit *ß*.

- Ho**s**e – gro**ß**e

s	ß
lesen – Besen	schießen – gießen

3. Finde die Reimwörter von Aufgabe 1. Trage sie in die richtige Tabelle ein.

     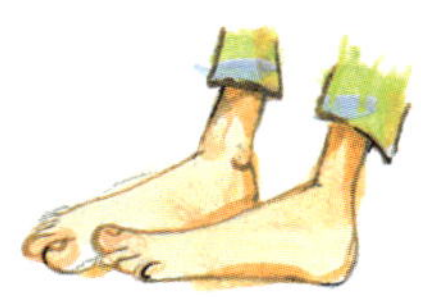

Dose – Hose	Riese –
Vase –	Grüße –
große –	Flöße –

4. Finde das passende Reimwort. Schreibe es auf.

Wörter mit *s* oder *ß*

1 Sprich die Wörter. Was hörst du am Ende?

2 Sprich die Wörter in der Mehrzahl. Was fällt dir nun auf?

Merke

Am Wortende hörst du immer den zischenden *s*-Laut. Du findest durch Verlängern heraus, ob du *s* oder *ß* schreiben musst.

Fu___ – Füße	Gan___ –
Gla___ –	Gru___ –
Mau___ –	Krei___ –
gro___ –	Hau___ –

3 Ergänze *s* oder *ß*. Entscheide, indem du das Wort verlängerst.

Flei ß	fleißig	Heute bin ich sehr fleißig.
Spie		
Strau		
Prei		
wei		
hei		

4 Ergänze *s* oder *ß*. Verlängere dazu das Wort.
Bilde dann mit diesem Wort einen Satz.

Im Wörterbuch nachschlagen

1 Welche Wörter sind hier abgebildet?

2 Schlage sie im Wörterbuch nach. Was stellst du fest?

Merke

Im Wörterbuch schlägst du immer die Grundform eines Wortes nach.
- Verben: er rast → (wir) rasen
- Nomen: die Bäume → der Baum
- Adjektive: größer → groß

saust	wagt	Flöße
Tage	gesünder	heißes
schließt	lustiges	Hälse
Länder	raubt	weißes

Verben

wagt	wagen

Nomen

Flöße	

Adjektive

gesünder	

3 Unterstreiche die Nomen blau, die Verben rot und die Adjektive grün.

4 Trage die Wörter in die passende Tabelle ein. Schlage die Grundform nach und schreibe sie daneben.

Fehler finden

1. Lies den Text Wort für Wort, vorwärts und rückwärts oder in Silben.
2. Unterstreiche Wörter, bei denen du dir unsicher bist.
3. Kannst du dir die Schreibung erklären?
4. Wenn du nicht weiterweißt, schlage das Wort in deinem Wörterbuch nach.
5. Prüfe außerdem: Sind die Satzanfänge großgeschrieben?
   Hast du die Punkte der Umlaute nicht vergessen?

Lexis Traum

Heute Nacht lief ich durch einen Walt. Das Laup raschelte unter meinen Füßen. Plötzlich tauchte ein riesiger Drache auf dem Wek vor mir auf. Mir wurde gleichzeitig kalt und heis. Ich pfiff ein lustiges Liet, um mich zu beruhigen. Es bliep mir keine andere Wahl. ich biss die Zähne zusammen. Mutik wollte ich gerade anfangen zu kämpfen, da meinte der Drache: „Willst du mit mir spielen?“ Und so flok ich mit dem Drachen durch die dunkle Nacht.

____

____

____

____

1 Lexi hat seinen Traum aufgeschrieben. Dabei sind ihm 9 Fehler unterlaufen. Finde die Fehler und unterstreiche sie. Die Tipps von Lexi helfen dir.

2 Schreibe die falschen Wörter richtig auf.

Lange und kurze Selbstlaute

Honig	Onkel	sägen	rudern	Nektar
Ranzen	reden	turnen	Tafel	Gärtner

1. Sprich die Wörter in Silben und klatsche dazu. Markiere die Silben mit Silbenbögen.
2. Die erste Silbe der Wörter ist wichtig. Schreibe in jedem Wort den Selbstlaut in der ersten Silbe farbig nach.
3. Hört die erste Silbe mit einem Mitlaut auf, schreibe ihn immer mit einer anderen Farbe nach.
4. Schaue dir die erste Silbe an. Kannst du zwei Gruppen von Wörtern bilden?

Die erste Silbe endet mit einem Selbstlaut.	**Die erste Silbe endet mit einem Mitlaut.**

5. Trage die Wörter in die Tabelle ein. Schreibe den Selbstlaut und den Mitlaut dabei farbig nach.

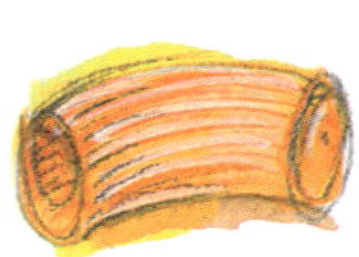

6. Ordne diese Wörter auch in die Tabelle ein.

Lange und kurze Selbstlaute

Pudel | Rasen | wünschen | Kosten | Röte | Pumpe | wütend

1 Setze Silbenbögen.

Krone | Leder | rösten | Lenker | Ranzen

Die erste Silbe endet mit einem Selbstlaut.	Die erste Silbe endet mit einem Mitlaut.
Pudel	Pumpe

2 Es gibt noch 5 Wortpaare mit gleichem Selbstlaut in der ersten Silbe. Trage sie in die Tabelle ein und schreibe den Selbstlaut in der ersten Silbe farbig nach.

3 Setze Silbenbögen unter alle Wortpaare in der Tabelle.

4 Sprich dir die Wortpaare jetzt vor. Wie hört sich der Selbstlaut an?

Merke

Endet eine Silbe mit einem Selbstlaut, so klingt der Selbstlaut lang.
Endet eine Silbe mit einem Mitlaut, so klingt der Selbstlaut kurz.
- Pudel Pumpe

5 Kennzeichne in der Tabelle die kurzen Selbstlaute mit einem Punkt und die langen Selbstlaute mit einem Strich.

turnen | Taste | rodeln | Tafel | hüpfen | melken | rufen | Regen

6 Sprich die Wörter. Ist der Selbstlaut in der ersten Silbe lang oder kurz? Kennzeichne den Selbstlaut mit einem Punkt oder einem Strich.

7 Ordne die Wörter der Tabelle zu.

langer Selbstlaut	kurzer Selbstlaut

1 Ordne die Wörter richtig in die Tabelle ein. Markiere den kurzen Selbstlaut mit einem Punkt und den langen mit einem Strich.

2 Schreibe die Mitlaute nach den kurzen Selbstlauten farbig nach. Was fällt dir auf?

Merke

Nach kurzem Selbstlaut in der ersten Silbe folgen mindestens zwei Mitlaute.
• Lampe, Fenster

3 Sprich dir die beiden Wörter vor. Wie klingt der Selbstlaut in der ersten Silbe. Lang oder kurz?

4 Sprich dir die Wörter noch einmal vor. Achte jetzt auf den Mitlaut nach dem kurzen Selbstlaut. Wie viele Mitlaute hörst du?

Merke

Hörst du nach einem kurzen Selbstlaut in der ersten Silbe nur einen Mitlaut, dann verdopple ihn beim Schreiben, damit du wieder zwei hast.
• Puppe, Sonne

   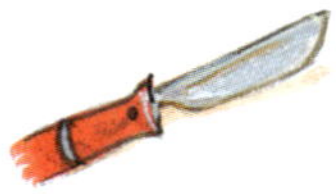   

5 Schreibe die Wörter richtig auf. Markiere den kurzen Selbstlaut mit einem Punkt.

Doppelte Mitlaute

1 Kreise das richtige Wort ein.

2 Warum werden beide Wörter mit einem doppelten Mitlaut geschrieben? Erkläre.

3 Welche Wörter werden mit einem doppelten Mitlaut geschrieben?
Kreise sie ein und schreibe sie auf.

Butter – Futter	rennen –	tippen –
Tasse –	summen –	hassen –
Keller –	wollen –	rütteln –

4 Finde Reimwörter. Schreibe wie im Beispiel.

Doppelte Mitlaute

Papier schneidet man mit einer Sche…e.

Elefanten können mit ihrem Rü…el greifen.

In der Pause spielen die Ki…der auf dem Schulhof.

Honig kann ganz schön kle…en.

Die Sonne scheint, heute wird es endlich so…ig.

Lexi hat sich den Fuß verstaucht, jetzt muss er hin…en.

Lexi zählt die Stufen der Tre…e.

Lexi will im Urlaub viele Kar…en schreiben.

Lexi sitzt auf dem So…a und guckt Fernsehen.

1 Lies den Text. Findest du heraus, was die gekleckten Wörter bedeuten?

2 Welche der gekleckten Wörter werden mit einem doppelten Mitlaut geschrieben? Male das Bild für die Duden-Karte dahinter. Lasse die anderen Felder leer.

Auf den Selbstlaut in der ersten Silbe folgen zwei verschiedene Mitlaute: Selbstlaut ist kurz.	Selbstlaut ist kurz, ich höre nur einen Mitlaut: Verdoppeln	Die erste Silbe endet mit einem Selbstlaut: Selbstlaut ist lang.
		Schere

3 Schreibe alle gekleckten Wörter richtig in die Tabelle. Schreibe wie im Beispiel.

4 Findest du noch mehr Wörter für jede Spalte der Tabelle?

Wörter mit *ck*

Merke

Bei dem Buchstaben *k* gibt es eine Besonderheit, wenn du ihn verdoppelst:
Es gibt kein Doppel-*k*, man schreibt *ck*.

- schme**ck**en

(1) Schreibe die Wörter auf. Markiere den kurzen Selbstlaut mit einem Punkt.

Bä…er	wa…eln	mel…en	Schin…en	kle…ern	bü…en	Kor…en

(2) Bei allen Wörtern fehlt der *k*-Laut. Sprich dir die Wörter richtig vor und markiere den Selbstlaut in der ersten Silbe. Ist er kurz oder lang?

kurzer Selbstlaut, ich höre nur *k*	**kurzer Selbstlaut, anderer Mitlaut und ein *k***

(3) Ordne die Wörter von Aufgabe 2 richtig in die Tabelle ein.

Merke

Bei dem Buchstaben *z* gibt es eine Besonderheit, wenn du ihn verdoppelst:
Es gibt kein Doppel-*z*, man schreibt *tz*.
- Mü**tz**e

____

____

1 Schreibe die Wörter auf. Markiere den kurzen Selbstlaut mit einem Punkt.

Ta…e	Ker…e	schma…en	run…eln	spri…en	ki…eln	Hol…

2 Bei allen Wörtern fehlt der *z*-Laut. Sprich dir die Wörter richtig vor und markiere den Selbstlaut in der ersten Silbe. Ist er kurz oder lang?

kurzer Selbstlaut, ich höre nur *z*	**kurzer Selbstlaut, anderer Mitlaut und ein *z***

3 Ordne die Wörter richtig in die Tabelle ein. Schreibe wie im Beispiel.

4 Was will Lexi einkaufen?
Schlage nach, wie das Wort richtig geschrieben wird

und schreibe es auf: ____________________

Silbentrennung am Zeilenende

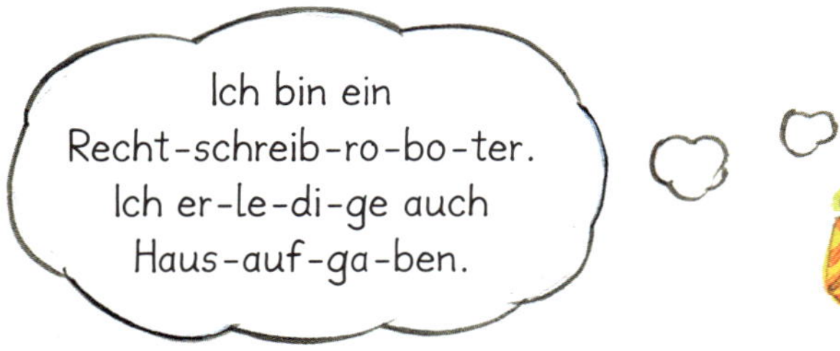

1 Wie funktioniert die Robotersprache?

Klasse | Federmappe | Tafel | Heft | Schulranzen

Hitzefrei | Buch | Spitzennoten | Sätze

Pflaster | Sprachbuch | Atlas | Lehrerin | Turnbeutel

2 Sprich die Wörter in Robotersprache, indem du sie in Silben zerlegst.
Du kannst auch zu jeder Silbe einen Roboterschritt gehen.

Wörter mit 1 Silbe: ______________________________

____

Wörter mit 2 Silben: ______________________________

____

____

Wörter mit 3 Silben: ______________________________

____

____

Wörter mit 4 Silben: ______________________________

____

3 Schreibe die Wörter in Robotersprache auf. Schreibe so: At-las

4 Suche im Wörterbuch noch mehr Wörter und schreibe sie in Robotersprache dazu.

Silbentrennung am Zeilenende

Roboter erledigen Hausaufgaben.

1 Was hätte Lexi tun können, um nicht über den Rand zu schreiben?

Merke

Am Zeilenende kannst du ein Wort nach einer Silbe mit einem Trennstrich trennen. • Haus-auf-ga-ben

Hausaufgaben	Hausaufga- ben
Klassensprecher	
Schaukelbrett	
Plätze	

2 Trenne die Wörter richtig. Schreibe sie wie im Beispiel auf.

Roboter baden gerne in einer Wanne mit Motorenöl.

3 Schreibe den Satz auf und trenne dabei die Wörter.

Fehler finden

Thea würde sich gerne einen Roboter bestelen.

Den Roboter würde sie für echte Spezialfäle nutzen.

Das Kinderzimer aufzuräumen wäre sogar ein Superspezialfall.

Das würde der Roboter für Thea erledigen müssen, und zwar ohne zu mekkern.

Im Klassenzimmer ist noch ein Plaz frei.

Die Lehrerin würde sicherlich erst komisch guken.

Und sie würde Thea fragen, ob Roboter auch leise sein könen.

Am Nachmittag würde der Roboter Theas Hausaufgaben machen müsen.

Leider hat Thea imer noch nicht herausgefunden, wo sie Roboter bestellen kann.

1. Lies dir den Text einmal ganz durch.
2. In jedem Satz hat sich ein Fehler eingeschlichen.
   Finde das falsche Wort und unterstreiche es.
3. Schreibe die Fehlerwörter richtig auf. Denke an diese Duden-Karte: 

Duden-Karte Merkwörter

Waage

Beet

Merke

Bei manchen Wörtern muss man auswendig wissen, wie sie geschrieben werden. Wörter mit doppeltem Selbstlaut sind solche Merkwörter.

- W**aa**ge, B**ee**t

1. Schreibe die Wörter richtig auf. Unterstreiche den doppelten Selbstlaut.

Mit vier Blättern bringt er Glück.

Weiße Flocken, die aus Wolken fallen.

Im Märchen erfüllt sie Wünsche.

Dort hinein pflanzt man Gemüse.

Man trinkt ihn heiß mit Zucker und Zitrone.

Das Gegenteil von voll.

Er ist größer als ein Teich.

Ein Belag für die Straße.

2. Löse das Rätsel. Schreibe die doppelten Selbstlaute farbig nach.

3. Schreibe die Wörter aus dem Rätsel mit ihrem Artikel auf.

Dehnungs-*h*

Bahn	ihnen	Bohne	Stuhl	Strahlen	
Mehl	ihr	ihm	lahm	Uhr	sehr
Lehrer	Sohn	hohl	Rahmen	Lehm	

hl	*hm*	*hn*	*hr*

1 Ordne die Wörter richtig ein.

2 Sprich die Wörter. Ist der Selbstlaut der ersten Silbe lang oder kurz?

Merke

In wenigen Wörtern mit langem Selbstlaut wird nach dem Selbstlaut ein *h* geschrieben. Ein Dehnungs-*h* steht fast nur vor den Buchstaben *l*, *m*, *n* und *r* im Wortstamm. Diese Wörter musst du dir merken.

- Za**h**n, fa**h**ren, la**h**m

Fah	Früh	le	ne
Foh	Müh	ling	men
Höh	Rah	len	le

3 Male mit gleicher Farbe an, was zusammengehört. Schreibe die Wörter richtig auf.

Zahlen 

Str________________ 

fühlen 

k________________ 

Fahne 

S________________ 

Mühle 

St________________ 

Bahn 

Z________________ 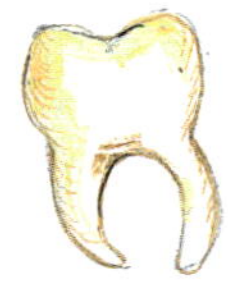

Kahn 

H________________ 

Röhre 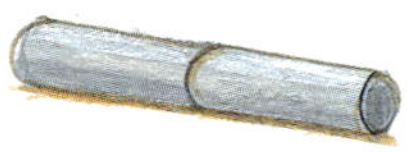

M________________ 

lahm 

z________________ 

1 Schreibe die Reimwörter auf. Schreibe *l*, *m*, *n* und *r* nach dem stummen *h* farbig nach.

Eine Fotografin möchte Lexi fotografieren.

Sie bittet __________, einen Handstand zu machen. __________ gelingen tolle Bilder.

Lexi trägt heute seinen blauen Schal.

Der Schal gefällt __________. Lexi macht immer und immer wieder einen Handstand.

Dabei wird __________ ganz schwindelig.

Die Fotografin muss darüber so sehr lachen, dass __________ Brille verrutscht.

ihre | ihm | ihn | ihr | ihm

2 Setze die Wörter auf den Kärtchen in die Lücken ein.

Lange Selbstlaute

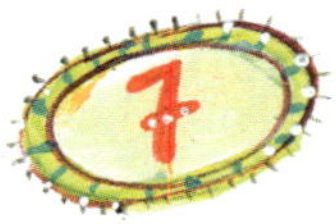

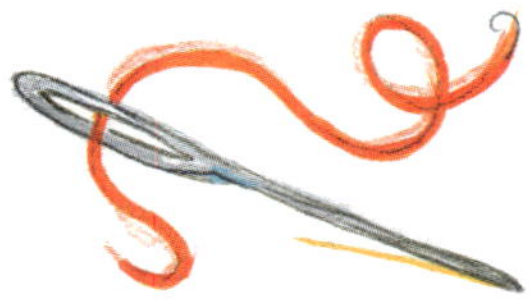

1 Sprich die Wörter und klatsche dazu.
Hört sich der Selbstlaut der ersten Silbe kurz oder lang an?

2 Schreibe die Wörter auf. Zeichne die Silbenbögen unter die Wörter. Kennzeichne den langen Selbstlaut der ersten Silbe mit einem Strich: Krone.

3 Betrachte die Wörter mit *i*. Was fällt dir auf?

Sp ie g e l 

B r ie f 

W ie s e 

P a p ie r 

R ie s e 

Sp ie l 

Z ie g e 

B ie n e 

s ie b e n 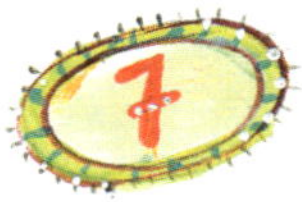

1 Schreibe die Wörter richtig auf. Setze Silbenbögen unter die Wörter. Schreibe *ie* farbig nach. Was fällt dir auf?

Merke

Die meisten Wörter mit langem *i* werden mit *ie* geschrieben.

- Pap**ie**r, sp**ie**len, v**ie**l

Wörter üben

Ziele | Riese | wieder | Biene | diese | Zwiebel

abschreiben	Geheimschrift	Silbenbögen setzen

2 Bearbeite die Spalten der Tabelle.

Langes *i*

Merke

Es gibt wenige Wörter mit langem *i*, die nicht mit *ie* geschrieben werden. Diese Wörter musst du dir merken.

- Tiger, Lawine

So nennt man getrocknete Weintrauben.	______________
Er sucht sich im Herbst ein Versteck aus Laub und Ästen.	______________
Eine Großkatze mit schwarzen Streifen.	______________
Ein Haus aus Schnee.	______________
Auf einer großen Leinwand werden Filme gezeigt.	______________
In den Bergen kann sie aus einem kleinen Schneeball entstehen.	______________
Erstklässler lernen mit diesem Buch lesen.	______________
Es ist eine Frucht. Sie ist innen grün und ihre Schale hat kleine braune Härchen.	______________
Sie sehen den Hasen sehr ähnlich, leben aber in einem Bau unter der Erde.	______________

Rosinen  Fibel  Igel  Lawine  Kiwi 

Tiger  Iglu  Kino  Kaninchen 

1 Löse das Rätsel und setze die Wörter richtig ein.

Truhe  Schuhe  Rehe 

1 Schreibe alle Selbstlaute farbig nach. Zeichne die Silbenbögen ein.
Was fällt dir auf?

Merke

Endet eine Silbe mit einem Selbstlaut und fängt die nächste Silbe mit einem Selbstlaut an, wird zwischen die beiden Silben ein *h* geschrieben.
Das silbentrennende *h* wird in allen Formen des Wortes geschrieben.

- Schu**he** – Schu**h**, zie**hen** – zie**h**t

Ru	zie	he	hen
blü	ge	hen	her
Kü	frü	hen	he

______________ ______________ ______________

______________ ______________ ______________

2 Male mit gleicher Farbe an, was zusammengehört.
Schreibe die Wörter richtig auf. Setze Silbenbögen.

Truhe 
Sch ____________ 

stehen 
s ____________ 

Rehe 
Z ____________ 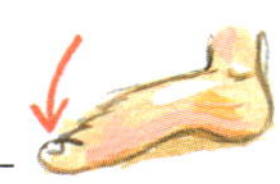

3 Schreibe die Reimwörter auf.

Lisa ____________ Tom ein Buch. 

Ich ____________ einen Heißluftballon. 

Lexi schläft noch nicht. Er ____________ sich nur aus. 

leihen

sehen

ruhen

4 Setze die Verben in ihrer richtigen Form ein.

Trennung von *ck*

Pflas-	Plät-	einpa-
ter	ze	cken

1 Vergleiche, wie getrennt wird. Was fällt dir auf?

Merke

Wenn man ein Wort mit *ck* trennen muss, bleibt *ck* immer zusammen. • kleck-ern

einpacken Wecker Bäcker picken

fleckig abtrocknen Schneeflocke

2 Trenne die Wörter so oft wie möglich. Schreibe so: ein-pa-cken, …

3 Trenne richtig.

trennen

Reste

gucken

nicken

Fehler finden

Heute frü__ bin ich in den Wald gegangen. Ich wollte B__ren pflücken. An einem ho__len Baum se__e ich eine F__. Sie hat ganz spitze O__ren. Das kleine Wesen sitzt auf einem Stein, der mit M__s bewachsen ist. Leise spricht s__ mit vier Re__en. Ich lausche gespannt. Zu Hause merke ich, dass mein Korb für die B__ren noch ganz l__r ist.

1 Welche Buchstaben fehlen? Schreibe die Wörter richtig auf.

Im Sommer ist Lexi sehr gern am Mer.

Jeden Tag nimmt er das Bot und fährt aufs Wasser.

Dort siht er Delfine und Seesterne.

Er nimmt immer seine Angel mit.
Die Fische bräht er über einem Feuer.

Plötzlich bleibt eine Gräte in seiner Kele stecken.

Er hustet und die Gräte fliegt in hoem Bogen raus.

2 In jedem Satz hat sich ein Fehler versteckt. Unterstreiche die Wörter und schreibe sie richtig auf.

Merkwörter

Erbse oder Erpse?	Herbst oder Herpst?	hüpsch oder hübsch?
Opst oder Obst?	Adler oder Atler?	Maknet oder Magnet?
Krebs oder Kreps?	Papst oder Pabst?	

1 Was ist richtig? Schlage im Wörterbuch nach und streiche das falsche Wort durch.

Merke

Bei manchen Wörtern kann man nicht durch Verlängern herausfinden, ob sie mit *b* oder *p*, *g* oder *k*, *d* oder *t* geschrieben werden. Du musst dir die Wörter merken.

Der Adler ist der König der Lüfte.

2 Schreibe einen Satz mit jedem Merkwort.
Schreibe dann die schwierige Stelle des Wortes farbig nach.

 ________  ________

 ________ 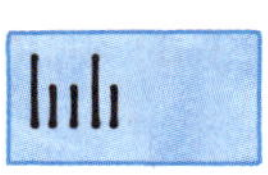 ________

 ________  ________

 ________ 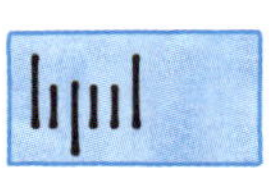 ________

3 Löse die Geheimschrift auf. Schreibe das passende Merkwort dazu.

Merkwörter üben

Delfin | Käfer | meistens

Träne | Keks | Lärm | jetzt

und | wachsen | sechs | während | nämlich

1 Lies die Wörter und unterstreiche die schwierige Stelle.

1. Delfin ______ 5. ______ 9. ______

2. ______ 6. ______ 10. ______

3. ______ 7. ______ 11. ______

4. ______ 8. ______ 12. ______

2 Schreibe die Wörter nach dem Alphabet auf.

In meinem Traum **wachsen Kekse** an Bäumen.

3 Schreibe Sätze mit den Merkwörtern. Es können auch lustige Sätze mit mehreren Merkwörtern auf einmal sein.

4 Diktiere deinem Partner deine Sätze. Wechselt euch ab und überprüft die Merkwörter.

Fehler finden

Der Hunt ist verliept. Er mak die Hündin sehr und schwept im siebten Himmel, wenn er mit ihr im Graß liekt.

Hunde → Hund ______ → ______

______ → ______ ______ → ______

______ → ______ ______ → ______

1. Unterstreiche die falschen Wörter. Finde mit dieser Duden-Karte heraus, wie man die Wörter richtig schreibt: →

Plötzlich donert es. Am Himel sind die ersten Blize. Die Teler auf dem Tisch wakeln und die Kerze flakert. Der Regen praselt aufs Dach.

____

____

____

2. Es haben sich 7 Fehler versteckt. Unterstreiche diese Wörter und schreibe die Sätze richtig auf. Diese Duden-Karte hilft dir:

Der Herpst ist da.	______
Es ist kül geworden.	______
Auf dem Se treiben bunte Blätter.	______
Lukas sammelt ein par Kastanien.	______

3. In jedem Satz hat sich ein Fehler versteckt. Unterstreiche die Wörter und schlage im Wörterbuch nach. Schreibe die Merkwörter richtig auf.